TESTIMONIA

Curriculare Reihe lateinischer und griechischer Texte
Begründet von Wilhelm Fiedler
Fortgeführt von Alfons Städele

M. TULLIUS CICERO

PRO ARCHIA POETA ORATIO

Erläutert von Otto Schönberger

C. C. Buchner

11. Auflage 5 ⁵ ⁴ ³ 2014 12 10
Die letzte Zahl bedeutet das Jahr dieses Druckes. Alle Drucke dieser Auflage sind, weil untereinander unverändert, nebeneinander benutzbar.

Dieses Werk folgt der reformierten Rechtschreibung und Zeichensetzung. Ausnahmen bilden Texte, bei denen künstlerische, philologische oder lizenzrechtliche Gründe einer Änderung entgegenstehen.

© 1985 C.C. Buchners Verlag, Bamberg.
Das Werk und seine Teile sind urheberrechtlich geschützt. Jede Nutzung in anderen als den gesetzlich zugelassenen Fällen bedarf der vorherigen schriftlichen Einwilligung des Verlages. Das gilt insbesondere auch für Vervielfältigungen, Übersetzungen und Mikroverfilmungen. Hinweis zu § 52 a UrhG: Weder das Werk noch seine Teile dürfen ohne eine solche Einwilligung eingescannt und in ein Netzwerk eingestellt werden. Dies gilt auch für Intranets von Schulen und sonstigen Bildungseinrichtungen.

www.ccbuchner.de

Einbandgestaltung: Georg Lehmacher, Friedberg/Bay.
Satz, Druck und Bindung: creo Druck & Medienservice GmbH, Bamberg

ISBN 978-3-7661-5107-0

EINFÜHRUNG

1. DAS LEBEN

Marcus Tullius Cicero wurde im Jahre 106 v. Chr. in der Nähe von Arpinum als Sohn eines Ritters geboren. Seine Mutter Helvia scheint früh gestorben zu sein. Der Vater brachte Cicero und seinen Bruder Quintus wohl schon bald nach Rom, wo die beiden Jungen von den besten Lehrern, übrigens auch von dem Dichter Archias, unterrichtet wurden. Cicero nahm im Jahre 90 die *toga virilis* und begann dann seine Ausbildung als Redner auf dem Forum; auch die Philosophie wurde nicht vernachlässigt. Nachdem Cicero seinen Kriegsdienst im sog. Bundesgenossenkrieg (90-89) abgeleistet hatte, trieb er seine rednerische Ausbildung weiter, hörte aber auch die berühmten Philosophen Philon (Akademiker) und Diodotos (Stoiker).

Schon im Jahre 80 zeichnete er sich durch die Verteidigung des S. Roscius Amerinus aus, der wegen Vatermordes angeklagt war. Wegen seiner angegriffenen Gesundheit musste Cicero dann aber eine Pause von zwei Jahren in seiner eigentlichen Laufbahn einlegen, die er zu einer großen Bildungsreise nach Kleinasien, Athen und Rhodos ausnützte. Dort hörte er die besten Lehrer seiner Zeit. Besonders aber schloss er sich dem Rhetor Molon an.

Im Jahre 75 wurde Cicero dann Quaestor in Sizilien. Das Vertrauen der Sizilier, das er sich dabei erwarb, bewog diese, ihn im Jahre 70 zu ihrem Sachwalter gegen den räuberischen Prätor Verres zu ernennen. Cicero verfasste dabei die bekannten „verrinischen" Reden. Das Jahr 63 brachte dann einen Höhepunkt in Ciceros Leben. Er wurde Konsul und deckte die Verschwörung des Catilina auf; die Verschwörer ließ er hinrichten, ohne dass ihnen die Möglichkeit zu einer Appellation an das Volksgericht gegeben worden wäre. Für dieses Verfahren musste Cicero dann in der Verbannung (58-57) büßen, in die ihn sein Todfeind Clodius getrieben hatte. Im Jahre 57 wurde Cicero ehrenvoll zurückberufen; er war dann wieder als Redner und Politiker tätig. In dieser Zeit entstanden die bedeutenden Werke *de oratore*, *de re publica* und *de legibus*. Das Jahr 51/50 brachte das Prokonsulat in Cicilien.

In dem bald darauf ausbrechenden Bürgerkrieg zwischen Caesar und Pompeius versuchte Caesar alles, um Cicero auf seine Seite zu ziehen. Dieser aber war der Überzeugung, dass Pompeius die Sache des Rechtes verteidige, und schloss sich der Senatspartei an, nachdem seine Versöhnungsversuche erfolglos geblieben waren. Die Schlacht bei Pharsalus konnte Cicero allerdings krankheitshalber nicht mitmachen. Caesar kam nach seinem Siege übrigens dem ehemaligen Feinde sehr entgegen und begnadigte ihn großmütig *(clementia Caesaris)*. Da Caesar nun unumschränkter Herr im Staate war, zog sich Cicero aus dem politischen Leben weitgehend zurück, wollte aber auch diese aufgezwungene Muße für sein Volk nützlich verwenden. In den Jahren 46-44 entstand ein wichtiges, großes Werk nach dem anderen: *Brutus* (eine Darstellung der historischen Entwicklung der römischen Beredsamkeit), *Orator* (über den idealen Redner), *Tusculanae disputationes* (fünf Themen der Moralphilosophie), *de natura deorum*, *Cato de senectute*, *de divinatione* (über die Weissagung), *de fato*, *Laelius de amicitia*. Mit diesen Werken hat Cicero seinem Volke und der Nachwelt Geschenke von wahrhaft unschätzbarem Wert gemacht.

An der Verschwörung gegen Caesar selbst war Cicero nicht beteiligt; doch war sein Jubel über den Tod des „Tyrannen" groß. Cicero sah nicht ein, dass Caesars Tod ein Unglück für Rom war, das alsbald wieder durch Machtkämpfe zerrissen wurde. Als sich dann aber Antonius als Testamentsvollstrecker Caesars eine schlimme Willkürherrschaft anmaßte, hat ihn Cicero in der dann folgenden Zeit in den 14 so genannten „Philippischen" Reden mit furchtbarer Gewalt angegriffen. In diesem Kampf jedoch verrechnete er sich im Charakter des jungen Octavianus, den er als willigen Diener des Senates ansah. Octavianus aber setzte seine Wahl zum Konsul durch, schloss mit Antonius und Lepidus das zweite Triumvirat und willigte – allerdings zaudernd – darin ein, dass Ciceros Name auf die Proskriptionsliste gesetzt wurde. Im Jahre 43 ereilten Cicero die Schergen des Antonius; sein Haupt und seine Hände wurden auf der Rednerbühne in Rom, die so viel Triumphe Ciceros gesehen hatte, zur Schau gestellt.

Über Cicero hat man lange Zeit ungünstig geurteilt; man warf ihm Charakterlosigkeit und noch Schlimmeres vor; heute denkt man gerechter über ihn, wofür besonders das große Werk von O. Seel, Cicero – Wort, Staat, Welt (Stuttgart 1953) beredtes Zeugnis ablegt. Mag man über seine politischen Entscheidungen denken, wie man will, immer wird man Ciceros glänzendes Talent, seinen menschlichen Anstand, seinen Blick für das Wesentliche und seine unübertroffene Redegabe bewundern. Cicero hat dem Abendland ein großes Stück griechischer Kultur vermittelt, aus seinen Werken haben Jahrhunderte gelernt, an seinem Wesen hat sich auch die Begeisterung für die Antike in der Renaissance entzündet, und an dem, was überzeitlich in seinen Werken ist, bilden sich heute noch Tausende junger Menschen in fast allen Nationen der Welt. Cicero ist wahrlich einer der großen Lehrer der Menschheit.

2. BEREDSAMKEIT UND RHETORIK IN ROM

Auch in Rom ging – wie in Athen – der nach bestimmten Regeln ausgeübten Redekunst eine Periode natürlicher Entwicklung voraus; erst aus den besonders gelungenen Leistungen der von Natur begabten Redner leitete später die Theorie – in Athen schon seit der Zeit der Sophisten – ihre Gesetze ab. Dem Römer, der für die Beredsamkeit nicht weniger begabt war als der Grieche, bot sich schon früh eine Reihe von Gelegenheiten, in der Öffentlichkeit zu sprechen: vor der Volksversammlung, vor Gericht, im Senat, vor dem Heer, bei Leichenbegängnissen. Berühmt z. B. ist die Rede des Menenius Agrippa, mit der er im J. 449 die Plebs beruhigte, und die des Appius Claudius Caecus, als er gegen das Friedensangebot des Pyrrhus sprach. Berühmt waren auch durch ihre rücksichtslose Wucht die Reden des unbeugsamen M. Porcius Cato (234-149), dessen wichtigste Vorschrift für den Redner lautet: *rem tene, verba sequentur*. Aber schon zur Zeit dieses Nationalisten waren die Griechen aus ihrem verarmten Mutterland nach Rom gekommen, wo sie als Hauslehrer, Historiker, Philosophen und Rhetoren (im Griechischen bedeutet „rhetor" „Lehrer der Redekunst" oder „Redner, Politiker"; der Römer scheidet streng zwischen *rhetor* und *orator*) ihr Brot suchten. Zwar wurden Philosophen und Rhetoren in den Jahren 161 und 155, nicht zuletzt auf Betreiben Catos und seiner Anhänger, aus Rom vertrieben, aber das Eindringen griechischer Bildung war nicht mehr aufzuhalten, zumal diese im Kreise des jüngeren Scipio begeisterte Aufnahme fand. So setzten sich in Rom auch die Rhetorenschulen durch, weil sie die Grundlagen der höheren Bildung, die Enkyklios paideia, den *orbis doctrinae*, vermittelten. Wahrscheinlich haben schon die beiden Gracchen diese Schulen besucht, und ohne diesen Unterricht, dessen Stufengang wir allerdings erst durch Quintilian näher kennen, war fortan kein Redner mehr zu denken.

Das Verständnis der antiken Redekunst und besonders der Rhetorik ist uns modernen Menschen sehr erschwert, weil uns ihre Kunstformen fremd geworden sind, Wir vergessen, dass in der Antike das lebendige Wort unsere heutige Presse ersetzen musste, vergessen überhaupt die Freude der Alten am Wohlklang der Worte (Hom. *Od.* 8, 172 f.) und an schöner Darstellung, wir sind schnell bei der Hand mit dem Urteil, die alten Redner hätten mehr auf Überredung als auf Überzeugung hingearbeitet oder sie seien bloße Phrasendrescher gewesen. Gewiss hat man auch im Altertum (wie heute noch) die Rede zum Lügen und zur Unterstützung des Unrechts missbraucht, wie man mit allem Missbrauch treiben kann. Schon Plato hat im *Gorgias* die Rede der Sophisten als Scheinkunst und Betrug in Grund und Boden verdammt. Aber im *Phaidros* hat er doch eine Art der Rede empfohlen, die auf dem Studium der menschlichen Affekte beruhen sollte. Kein Geringerer als Aristoteles ist diesem Wink gefolgt in den drei Büchern seiner *Rhetorik*, in denen er die Lehren früherer Rhetoren und seine eigenen Ansichten zusammenfasste und so die Rhetorik zu einer wirklichen, auf Psychologie gegründeten Wissenschaft machte. Eine große Reihe griechischer und römischer Rhetoren hat dann – oft im Widerstreit und oft ins Spitzfindige verfallend – an der Theorie der Redekunst weiter gearbeitet. Hoch über allen und dem Werke des Aristoteles mindestens ebenbürtig ragen hervor die oratorischen Schriften Ciceros, besonders das große Werk *de oratore*, dann sein *Brutus* (eine Geschichte der römischen Redner) und, als das feinste Werk über den Stil, sein *orator*. Auf dem Grunde eigener Erfahrung und vielseitiger Lektüre hat gegen Ende des 1. Jahrhunderts n. Chr. der Redner und Rhetor Quintilian ein höchst wertvolles Lehrbuch (*institutio oratoria*) in zwölf Büchern geschrieben.

Die Bedeutung der Rhetorik liegt für uns, abgesehen von Regeln, die heute noch gelten, besonders darin, dass wir durch sie den Aufbau und die Kunstform der antiken Reden und die charakteristischen Eigenheiten einzelner Redner kennen und schätzen lernen.

Man unterschied zunächst drei Gattungen der Rede: 1. die Gerichtsrede (*genus iudiciale*), also Anklage und Verteidigung, 2. die politische Rede (*genus deliberativum*); in dieser wurde für oder gegen eine Unternehmung gesprochen (*suasio, dissuasio*), 3. die panegyrische oder Prunkrede (*genus demonstrativum*); sie bestand in Lob oder Tadel einer Sache, einer Person oder eines ganzen Volkes. Hierher gehörten auch die Leichenreden.

Die Tätigkeit des Redners umfasste folgende Aufgaben: 1. *inventio*, 2. *dispositio*, 3. *elocutio*, 4. *memoria*, 5. *actio*.

Zu 1.: Die Auffindung des Stoffes, über den man zu sprechen hat, ist immer das Wichtigste und Schwierigste. Die alte Rhetorik gab dafür eine Menge von Ratschlägen; Cicero hat selbst zwei Bücher *de inventione* geschrieben, die er aber später als unreife Jugendarbeit ablehnte.

Zu 2: Die für die Anordnung gegebenen Vorschriften sind heute noch gültig, indem sie den gesammelten Stoff ordnen lehren. Danach besteht z. B. eine Gerichtsrede aus folgenden Teilen: 1. *exordium, principium*: Einleitung mit *captatio benevolentiae, propositio*: Ankündigung des Themas, und *divisio, partitio*: Unterabteilungen; 2. *narratio*:

Erzählung des zu beurteilenden Vorfalls, 3. *argumentatio*: Beweis durch positive Tatsachen *(confirmatio)* und Widerlegung der Gründe des Gegners *(refutatio)*; 4. *peroratio, conclusio, epilogus*: Schluss der Rede mit kurzer Wiederholung *(collectio, enumeratio)* der Beweise.

Zu 3: D e r   S t i l muss sich natürlich dem Gegenstand der Rede anpassen. Daher unterschied man 1. den einfachen Stil *(tenus genus dicendi)*, der einfach, schlicht und klar ist. Diese Art eignet sich besonders für Zivilprozesse. Hier erfüllt der Redner seine erste Pflicht, das *docere*. Meister dieses Stils war Lysias, der Zeitgenosse Platos; 2. den mittleren Stil *(genus medium)*, den man auch den anmutigen nennen kann; er entspricht der poetischen Prosa, hilft dem Redner seine zweite Aufgabe, das *delectare*, erfüllen und hat besonders im *genus demonstrativum* seinen Platz; 3. den erhabenen Stil *(genus grande, sublime)*, der mit allen Mitteln des Pathos arbeitet und sich nur für die höchsten Fragen der Politik und der Moral eignet. Hier zeigt der Redner seine größte Kraft und Kunst im *permovere, flectere*. Nur darf dieser Stil nicht in Schwulst und Bombast ausarten. Der wahre Redner wird immer den richtigen Ton treffen, vgl. Cic. *or.* 101: *Is erit eloquens, qui poterit parva summisse, modica temperate, magna graviter dicere.* Übrigens wird selbst ein und dasselbe Thema nicht in allen Teilen im gleichen Stil behandelt.

Innerhalb aller dieser Stilarten gelten folgende Vorschriften (Cic. *de or.* 3, 37; *or.* 79): Der Ausdruck muss sein: 1. rein lateinisch *(purus et Latinus)*, 2. klar und deutlich *(dilucidus et planus)*, 3. passend *(aptus)*, 4. *ornatus, suavis*: hierher gehören die Wort- und Satzfiguren und der Rhythmus.

zu 4: Für d a s   E i n p r ä g e n der oft nur in den wichtigsten Teilen vorbereiteten Rede gab es eigene mnemotechnische Mittel (Cic. *de or.* 2, 351 f.).

Zu 5: D e r   V o r t r a g machte auch im Altertum des Redners Glück. Daher pflegten und übten die Redner ihre Stimme nicht weniger als die Sänger. Die Gesten waren, wie heute noch bei den Italienern, häufiger und leidenschaftlicher als bei uns und hatten zum Teil ganz genau definierte Bedeutungen.

3. CICERO ALS REDNER

Für einen *homo novus*, also einen nicht von Patriziern abstammenden Emporkömmling, gab es, wenn er so ehrgeizig wie Cicero war, nur zwei Wege zu den höchsten Ämtern: militärische oder rednerische Erfolge. Für Cicero kam nur der zweite Weg in Betracht. Dabei hatte er das Glück, schon als ganz junger Mann unter Anleitung berühmter Juristen (den beiden Scaevola) sich eine hinlängliche Kenntnis der Gesetze anzueignen, auf dem Forum berühmte Redner zu hören (M. Antonius, den Großvater des Triumvirn, L. Licinius Crassus, Q. Hortensius) und ihre Vorzüge wie ihre Fehler zu studieren. Seinen eigenen Bildungsgang hat Cicero selbst in den Schlusskapiteln seines *Brutus* geschildert. Mit unermüdlichem Fleiß suchte er sein angeborenes Formtalent durch Lesen, Schreiben und mündliche Übungen zu steigern. Besonderen Gewinn schrieb er seinen Übersetzungen griechischer Reden zu, wie er auch schriftliche Übungen immer wieder empfohlen hat, z. B. *de or.* 1, 150: *stilus* (= schriftliche Übung) *optimus et praestantissimus dicendi effector ac magister*. Aber dabei ließ er es nicht bewenden. Eine wahre Beredsamkeit konnte er sich ohne gründliche, vielseitige Bildung nicht denken: *rerum copia verborum copiam gig-*

nit (*de or.* 3, 125). So verlangte er vom Redner (*de or.* 1, 158): *Legendi poetae, cognoscendae historiae, omnium bonarum artium doctores atque scriptores legendi ... perdiscendum ius civile* etc. Die reichste Quelle der Beredsamkeit sah er aber in der Philosophie: *eloquentiae fundamentum sapientia* (*or.* 70). Schon in früher Jugend hatte er philosophischen Unterricht genossen, und seine Kenntnis der verschiedenen Systeme auf seiner Bildungsreise (79-77) nach Athen, Kleinasien und Rhodos erweitert und vertieft. Besonders wertvoll für den Redner erschien ihm die Philosophie der neueren Akademie. Diese meinte nicht, sie sei im Besitze der Wahrheit, sondern begnügte sich mit der Wahrscheinlichkeit, die man dadurch gewinne, dass man bei jeder Frage das Für und Wider der verschiedenen Meinungen sorgfältig abwägt. Durch dieses *disputare in utramque partem* wurde diese Philosophie, an der Cicero zeitlebens festhielt (*nat. deor.* 1, 6) zugleich eine Lehrerin der Beredsamkeit. Daher sagte auch Cicero von sich (*or.* 12): *fateor me oratorem ... non ex rhetorum officinis, sed ex Academiae spatiis exstitisse*. Daher sind auch seine Reden oft logischer und scharfsinniger aufgebaut als die der Griechen, die des Demosthenes nicht ausgenommen. – Natürlich hat Cicero auch als Redner eine Entwicklung durchgemacht. In den früheren Reden ahmte er noch die schwülstige, asianische Manier des Hortensius nach. Aber schon von seiner Griechenland-Reise, auf der er in Rhodos den Rhetor Molon hörte, kam er, wie er selbst sagt (*Brut.* 315), ganz verändert zurück: Er hatte sich durch Molons Unterricht die jugendliche Überfülle des Ausdrucks und das übertriebene Pathos abgewöhnt, d. h. soweit es ihm möglich war. Denn eine Neigung zu volltönendem Ausdruck ist ihm immer geblieben. Aber es ist ungerecht, ihn deswegen einen „Schwätzer" zu heißen. Einen Schwätzer hätten so viele sachverständige Männer wie Caesar, Livius, Velleius Paterculus, Quintilian nicht mit dem höchsten Lobe überhäuft. Noch einem andern Vorwurf gegen Cicero ist zu widersprechen. Man hört so oft, er rede nur in ebenso langweiligen als langen „Perioden". Das ist unrichtig. Der Mann, dem es für keine Sache und keine Stimmung am treffenden Wort und Ton fehlte, wusste genau, wo er in Perioden oder in kurzen, oft nur ein paar Worte umfassenden Sätzchen (Kola, kommata, *membra, incisa*) zu sprechen hatte. – „Der Ton der Archias-Rede ist, wie der Gegenstand an die Hand gab, sanft eindringend, indem der Redner nicht so sehr die stärkeren Menschengefühle für Recht und Unrecht, als die Humanität, die Ehrliebe und die schönen Hoffnungen auf den Ruhm bei der Nachwelt ausspricht" (Chr. G. Wiss., Ausgabe der Archias-Rede, Leipzig 1814, 14).

4. DAS KLAUSELGESETZ

Ein wesentliches Kunstmittel der antiken Prosa, das den modernen, an stilles Lesen gewöhnten Menschen zunächst eigenartig anmutet, ist die Satzmelodie, für Griechen und Römer, deren Sprache vorwiegend quantitierend war, eine Selbstverständlichkeit. Als in der griechischen Welt die Prosa mit der Poesie in Wettbewerb trat, forderte schon der Sophist Thrasymachos, ein Zeitgenosse des Sokrates, dass die Rede rhythmisch sein müsse, was Isokrates (Norden, Kunstprosa 117) und Aristoteles (*Rhetorik* 3, 8) dahin näher bestimmten, dass die Rede zwar rhythmisch sein solle, aber nicht metrisch, d. h. versartig, sein dürfe; ausdrücklich warnte Aristoteles vor Wiederholung des Daktylus und Trochäus. Der Rhythmus (lat. *numerus*) zeigt sich in den kleinsten Satzteilen, tritt aber natürlich am Satz- und Periodenschluss besonders deutlich hervor (vgl. die Analyse von Stellen aus Demosthenes bei Norden 911 ff.). Dass auch in guter deutscher Prosa, wenigstens an Glanzstellen, eine Art Musik aufklingt, hat Ed. Engel, Deutsche Stilkunst (11. Auflage S. 410) an zwei Proben aus Mörike und Fr. Th. Vischer gezeigt. Dagegen bemerkt man in letzter Zeit mit Recht von unseren politischen Rednern, es sei die Stimmstärke an die Stelle der Form getreten, man biete Politik ohne Kultur, und es sei nicht immer gut, so zu sprechen, wie jedem der Schnabel gewachsen sei. An die Sorgfalt früherer Zeiten in Wortwahl, Satzbau und Betonung erinnert heute fast nur mehr eine gute Predigt.

In Rom übernahmen einige Redner und Historiker gefühlsmäßig die geschilderte griechische Lehre schon vor Cicero, aber erst dieser hat die griechische Theorie in seinen Büchern *de oratore* und *orator* auf das lateinische Sprachmaterial übertragen und bewusst angewandt. Seine Rhythmen, die von strengen „Attizisten" wie Caesar, Brutus und Sallust abgelehnt wurden, waren noch den Humanisten wohlbekannt, gerieten aber dann in Vergessenheit, um erst seit dem Jahre 1881 wieder eine mehr als zufällige Beachtung zu finden. Von da an aber erschien eine ungeheure Masse von Aufsätzen und ganzen Büchern über das „Klauselgesetz"; der russische Gelehrte Zielinski z. B. hat in zwei Werken 17 902 Periodenklauseln in Ciceros Reden und eine noch viel größere Anzahl von Kolon- und Satzklauseln untersucht. Leider sind die Forscher in vielen Punkten nicht einig; jeder hat sein eigenes System. Es bleibt zunächst nichts anderes übrig, als durch (lautes) quantitätsrichtiges Lesen (besonders am Schluss der Satzteile und Sätze) zu versuchen, etwas von dem „Wohlgefallen des antiken Hörers zu verspüren, der sich an solchen Tonsymphonien berauschte" (Norden). Dabei sind folgende schon aus der Dichterlektüre bekannte Grundsätze zu beachten: 1. Elision oder Synaloephe bei Zusammenstoß zweier Vokale, 2. eine kurze Silbe wird vor zwei Konsonanten lang, bleibt aber vor *muta cum liquida* meist kurz, 3. die Schlusssilbe der Klausel ist wie im Vers indifferent: − ∪ ist gleich − −, also Trochaeus = Spondeus, 4. Der grammatische Akzent spielt in der Klausel keine Rolle. D i e b e l i e b t e s t e n K l a u s e l n s i n d :

morte vicerunt	− ∪ −	− ∪	Creticus + Trochaeus
cessit audaciae	− ∪ −	− ∪ −	Doppelcreticus
possem cognoscere	− − −	− ∪ −	Molossus + Creticus
audeat iudicare	− ∪ −	− ∪ − ∪	Creticus + Ditrochaeus
decreto restitutus	− − −	− ∪ − ∪	Molossus + Ditrochaeus

M ö g l i c h s t g e m i e d e n w e r d e n f o l g e n d e S c h l ü s s e :
esse videtur − ∪ ∪ − ⊽: Hexameterschluss!
esse videretur − ∪ ∪ − − ⊽: Choriambus + Trochaeus (Spondeus)
hominibus videtur ∪ ∪ ∪ ∪ − ⊽: Proceleusmaticus + Trochaeus (Spondeus.)

Die Klauseln der Kunstprosa wurden sogar von den Kirchenvätern übernommen, freilich in anderer Gestalt, weil der Akzent, der im Lateinischen wohl von jeher stärker war als im Griechischen, immer mehr zur Herrschaft kam. Die Klauseln schrumpften zu den drei Arten des so genannten C u r s u s zusammen, der sich in Gebeten und Präfationen der Kirche und im Schriftwechsel der Kurie bis zum Ende des 7. Jahrhunderts n. Chr. beobachten lässt. (Erst 1088 ließ Urban II. die Regeln des alten päpstlichen Kanzleistils wieder studieren, doch wurde der Cursus vom 16. Jahrhundert an wieder vergessen): a) *nóstris infúnde*, b) *incarnatiónem cognóvimus*, c) *glóriam perducámur*. Wenn der katholische Priester beim Amt die Gebete oder die Präfation laut singt, hört man den Cursus ganz deutlich heraus.

5. DIE REDE FÜR ARCHIAS

Der Angeklagte: Vom Dichter Archias wissen wir nur das, was Cicero in seiner Rede über ihn sagt. Er wurde um 118 v. Chr. in Antiochia als Sohn einer angesehenen Familie geboren, erhielt eine sorgfältige Erziehung, war schon in ganz jungen Jahren als poetischer Improvisator berühmt, kam 102 nach Rom, wo er in vornehmen Familien als eine Art Hofdichter freundliche Aufnahme fand, erhielt im Jahr 93 das Bürgerrecht von Heraklea und damit durch die *lex Plautia Papiria* vom Jahr 89 indirekt das römische. Seine in der Rede erwähnten Epen sind nicht erhalten. In der *Anthologia Graeca* sind 35 Epigramme unter dem Namen Archias erhalten; diese mögen unserm Archias gehören, sind übrigens unbedeutend. Gewiss hat Cicero das Talent des Dichters übertrieben, doch wird Archias etwas mehr als ein bloßer Versmacher gewesen sein.

Der Ankläger war ein sonst ganz unbekannter Grattius, der vielleicht mit Archias persönlich verfeindet war. Es ist aber leicht möglich, dass hinter Grattius die pompejanische Partei stand, die mit Archias auch dessen Beschützer, die Brüder Lucullus, treffen wollte. Der Prozess selbst fand im Jahre 62 statt.

Die Anklage stützte sich auf die *lex Papia*, d. h. den Gesetzantrag des Volkstribunen C. Papius vom Jahr 65, wodurch alle, die sich das Bürgerrecht angemaßt hatten, mit dem Stadtverweis bedroht waren. Der Prozess war also eine *causa publica*, ein Kriminalprozess, und wurde als *quaestio de civitate* vor einer der Strafkammern geführt, deren Zahl sich seit Sulla auf zehn erhöht hatte. Die Anklagepunkte, die aus Ciceros Rede rekonstruiert werden müssen, waren folgende: 1. Archias war nicht Bürger von Heraklea, 2. er hatte keinen gesetzmäßigen Wohnsitz in Rom, 3. er hat sich bei keinem Prätor gemeldet, 4. er war nie als Bürger anerkannt, denn sein Name fehlt in den Censuslisten.

Der Gerichtshof bestand aus Geschworenen unter dem Vorsitz eines Prätors. Erstere, gewöhnlich 75 an der Zahl, waren es, die wie die mittelalterlichen Schöffen das Urteil „fanden", das dann der Prätor verkündete. Die Abstimmung geschah meist so, dass die vorher vereidigten Richter ihr Urteil (A = *absolvo*, C = *condemno*) auf Wachstäfelchen schrieben und diese dann zur Zählung in eine Urne warfen. – Der Prätor loste die Geschworenen aus, leitete den Prozess ein und überwachte die Verhandlung. Interessant ist die Nachricht der Bobienserscholien, dass der Prätor im Archiasprozess Ciceros jüngerer Bruder Quintus war. Diese Scholien erklären auch § 3 und die zuversichtlichen Schlussworte der Rede durch die Bemerkung (p. 175): *Opportunissimum ... ait* (sc. Ciceero) *de laudibus poetae boni aput eum dicere qui studiis huiusmodi delectetur. Fuit enim Q. Tullius non solum epici, verum etiam tragici carminis scribtor* (= *scriptor*).

Die Verhandlung fand auf dem Forum in voller Öffentlichkeit statt. Der Vorsitzende saß auf einem erhöhten Platz (*tribunal*), Richter, Parteien und Zeugen auf den Bänken. Der Angeklagte hatte sich zum Zeichen der Trauer Haar und Bart wachsen lassen und eine dunkle Toga (*toga pulla*) umgetan, er war also *„sordidatus, squalidus"*. Ihn umgaben seine *„advocati"*, d. h. Freunde und Gönner, die durch ihre Menge und ihr Ansehen auf die Richter einwirken sollten. Die Verteidigung führte ein angesehener Redner, der *patronus* (erst in der Kaiserzeit heißt der Verteidiger *advocatus*); bei großen Prozessen sprachen meist mehrere Verteidiger, auch mehrere Ankläger.

Die Verteidigung übernahm Cicero aus drei Gründen. Er wollte seinem ehemaligen Lehrer helfen, den ihm befreundeten Luculli einen Gefallen erweisen und Archias zur Vollendung des Gedichtes über sein Konsulat verpflichten. Archias hat, wie wir aus einem Brief Ciceros wissen, diese Hoffnung nicht erfüllt.

Die Rede selbst gehört als defensiv zum *genus iudiciale*, genos dikanikon, jedoch nur mit § 1–12 und 31 f. Alles Übrige ist vielleicht eine Parekbasis und gehört zum *genus demonstrativum*, genos epideiktikon, ist also „*extra causam*". Die Beweisführung ist außerordentlich kurz, brauchte auch nicht ausführlicher zu sein gegenüber einer offenbaren Schikane. Dafür hat Cicero über die Bedeutung der Freien Künste in einem Ton gesprochen, „wie ihn das Forum noch nie vernommen hatte" (Sternkopf).

Die Freisprechung des Archias ist mit Sicherheit anzunehmen: In dem erwähnten Brief Ciceros ist sein Verbleiben in Rom vorausgesetzt.

6. DER PLAN DER REDE

1. *Exordium* 1–4 M
   a) 1. 2. Moralische Verpflichtung
   b) 3. 4. Die Art der Verteidigung
   Propositio thematis. Partitio
2. *Narratio* 4 M–7
   a) Jugend des Archias
   b) Sein früher Ruhm
   c) Die Verleihung des Bürgerrechtes
3. *Confirmatio* 8–11
   a) Erfüllung der gesetzlichen Bestimmungen
   b) Ausübung des Bürgerrechtes durch Archias
4. *Egressio* 12–16
   a) Erholung durch Bildung 12. 13 M
   b) Geistige Nahrung durch Bildung 13 M. 14
   c) Vollkommenheit des Wesens durch Bildung 15. 16
5. Nebenbeweis (*Probatio artificialis*) 17–30
   a) Heiligkeit und Würde des Archias; seine bisherige Bedeutung für Rom 17–23
   b) Alle großen Männer haben die Dichter geehrt; Archias hätte deshalb leicht das Bürgerrecht erhalten können 23–26 M
   c) Die künftige Bedeutung von Archias für Cicero und Rom. Ruhmesidee 26 M–30
6. *Peroratio, epilogus* 31. 32

Zur Kunst Ciceros im Bau der Archiasrede vgl. Sternkopf, W., Hermes 42, 1907, 337-373 und Kroll, W., RE, Suppl. VII, 1102 ff.; ebenso W. Ries (Ausgabe S. 9), der zeigt, dass *Narratio* und *Confirmatio* etwa gleich lang sind. – Zum (angeblichen oder wirklichen) Abgehen Ciceros von den eigentlichen Gründen der Anklage vgl. Clarke, M. L., Die Rhetorik bei den Römern, Göttingen 1968, 87 f.

M. v. Albrecht 9 betont mit Recht, dass die *argumentatio extra causam* in jedem Falle innerlich notwendig war. Die Disproportion zwischen sachlicher und persönlicher Argumentation sei ein Gebot der Klugheit gewesen. Das Werk sei aus einem Guss.

7. DIE BEDEUTUNG DER ARCHIAS-REDE FÜR DIE RÖMISCHE BILDUNG

Die Römer waren ein Volk, dessen Begabung vorwiegend auf das Praktische ging, und das kein rechtes Verständnis für Kunst und Wissenschaft besaß. Noch Vergil weist in berühmten Versen der *Aeneis* (6, 847 f.) dem Römer die Rolle des Herrschers zu, während anderen Völkern der Ruhm der Künste und Wissenschaften zugestanden wird. Auch Cicero hat von Hellas gesagt (*Tusc.* 1, 1, 3): *doctrina Graecia nos et omni litterarum genere superavit.*

Dass es so war, daran trug in Rom z. T. die Einschätzung von Kunst und Wissenschaft als mehr oder weniger „brotlosen Künsten" die Schuld. Die schönen Künste, die doch den Inbegriff griechischer Bildung ausmachen, wurden in Rom gerne als „*studia leviora*", „*artes leviores (mediocres)*" gegenüber der wahren Tätigkeit des Redners und Politikers angesehen.

Cicero hat sein Leben lang dafür gekämpft, diese Beurteilung der Kunst in Rom zu überwinden. Immer wieder vergleicht er Roms Leistungen mit den griechischen Werken, um den Ehrgeiz seiner Landsleute auch in dieser Hinsicht anzuspornen. Gerade dieses Streben, den bloßen Nützlichkeitsstandpunkt (der an sich kurzsichtig ist) zugunsten höheren Strebens zu überwinden, der Versuch, das Nur-Praktische in seiner Ärmlichkeit zu entlarven und dem Geistigen den rechten Platz im Leben des eigenen Volkes anzuweisen, macht Cicero zu einem Großen Roms. Dass er dabei immer wieder die Vorbildlichkeit des hellenischen Gestaltens aufzeigte und darauf hinwies, dass aus dem Umgang mit Hellas die wahre Bildung und Menschlichkeit erstehe, macht ihn zu einem der ersten „Humanisten". Und wirklich hat es Cicero oft vermocht, Anmut und Kraft, Eleganz und Ordnung, Griechisches und Römisches zu vereinen.

Wie schwer es aber war, in Rom einen solchen Kampf zu führen, zeigt das geradezu ängstliche Streben Ciceros, sich immer wieder gegen den Vorwurf der Zeitvergeudung zu verwahren, seine Tätigkeit als praktischer Politiker und Rechtsanwalt zu betonen und den Nutzen aufzuzeigen, der aus den Studien für solche Tätigkeit sich ergebe (vgl. Cic. *or.* 140–148); aus diesem Grunde hat er z. B. auch die meisten seiner Dialoge in die Ferien verlegt. „Die Muse wagte es, in der Toga auf der römischen Rednerbühne zu erscheinen; die Art, wie sie eingeführt wurde, gibt Aufschluss über Cicero und sein Volk" (Druman).

Auch die Archiasrede war für Cicero ein willkommener Anlass, in aller Öffentlichkeit für den Künstler Archias und für die Kunst überhaupt einzutreten. Der besondere Wert der Archiasrede liegt also – außer in der formalen Vollendung – in dem Preis der Künste und Wissenschaften. „Es ist, als ob die Dichtung, nicht ein Dichter, angeklagt wäre, und Cicero, der geistige Mensch, verteidigt sie vor seiner eigenen Generation und allen künftigen Geschlechtern" (Taylor 62). – Caesar hat dieses Streben Ciceros völlig erkannt und in den schönsten Worten gewürdigt, als er in der Widmung seiner Schrift *de analogica* an Cicero schrieb: „Du hast alle Schätze der Beredsamkeit entdeckt und sie zuerst angewendet. Dadurch hast du große Verdienste um Rom erworben und ehrst das Vaterland. Du hast den schönsten Ruhm und einen Triumph erlangt, der höher steht als der Triumph der größten Feldherrn, denn es ist etwas Höheres, die Schranken des Geistes zu erweitern als die Grenzen des Reiches weiter hinauszurücken." Wichtig ist dabei, dass der Bildungsbegriff durch Cicero (wie W. Ries, Ausgabe 16, sagt) eine entscheidende Veränderung erfuhr. Bildung bedeutet für Cicero zugleich die Verpflichtung, für andere zu wirken.

M. TULLI CICERONIS
PRO A. LICINIO ARCHIA POETA ORATIO

1 Si quid est in me ingeni, iudices, quod sentio quam sit exiguum, aut si qua exercitatio dicendi, in qua me non infitior mediocriter esse versatum, aut si huiusce rei ratio aliqua ab optimarum artium studiis ac disciplina profecta, a qua ego nullum confiteor aetatis meae tempus abhorruisse, earum rerum omnium vel in primis hic A. Licinius fructum a me repetere prope suo iure debet. nam, quoad longissime potest mens mea respicere spatium praeteriti temporis et pueritiae memoriam recordari ultimam, inde usque repetens hunc video mihi principem et ad suscipiendam et ad ingrediendam rationem horum studiorum exstitisse. quodsi haec vox huius hortatu praeceptisque conformata non nullis aliquando saluti fuit, a quo id accepimus, quo ceteris opitulari et alios servare possumus, huic profecto ipsi, quantum est situm in nobis, et opem et salutem ferre debemus. ac ne quis a nobis hoc ita dici forte miretur, quod alia quaedam in hoc facultas sit ingeni neque haec dicendi ratio aut disciplina, ne nos quidem huic uni studio penitus umquam dediti fuimus. etenim omnes artes, quae ad humanitatem pertinent, habent quoddam commune vinclum et quasi cognatione quadam inter **2** se continentur. Sed ne cui vestrum mirum esse videatur me in quaestione legitima et in iudicio publico, cum res agatur apud praetorem populi Romani, lectissimum virum, et apud severissimos iudices, tanto conventu hominum ac frequentia hoc uti genere dicendi, quod non modo a consuetudine iudiciorum, verum etiam a forensi sermone abhorreat, quaeso a vobis, ut in hac causa mihi detis hanc veniam accommodatam huic reo, vobis, quem ad modum spero, non molestam, ut me pro summo poëta atque eruditissimo homine dicentem hoc concursu hominum litteratissimorum, hac vestra humanitate, hoc denique praetore exercente iudicium patiamini de studiis humanitatis ac litterarum paulo loqui liberius et in eius modi persona, quae propter otium ac studium minime in iudiciis periculisque tractata est, uti prope novo quodam et inusitato genere dicendi. quod si mihi a vobis tribui concedique sentiam, perficiam profecto, ut hunc A. Licinium non modo non segregandum, cum sit civis, a numero civium, verum etiam, si non esset, putetis, asciscendum fuisse.

Nam, ut primum ex pueris excessit Archias atque ab iis artibus, quibus aetas puerilis ad humanitatem informari solet, se ad scribendi studium contulit, primum Antiochiae – nam ibi natus est loco nobili -, celebri quondam urbe et copiosa atque eruditissimis hominibus liberalissimisque studiis adfluenti, celeriter antecellere omnibus ingeni gloria contigit. post in ceteris Asiae partibus cunctaque Graecia sic eius adventus celebrabantur, ut famam ingeni exspectatio hominis, exspectationem ipsius adventus admiratioque superaret. erat Italia tum plena Graecarum artium ac disciplinarum, studiaque haec et in Latio vehementius tum colebantur quam nunc isdem in oppidis et hic Romae propter tranquillitatem rei publicae non neglegebantur. itaque hunc et Tarentini ⟨et Locrenses⟩ et Regini et Neapolitani civitate ceterisque praemiis donarunt, et omnes, qui aliquid de ingeniis poterant iudicare, cognitione atque hospitio dignum existimarunt. hac tanta celebritate famae cum esset iam absentibus notus, Romam venit Mario consule et Catulo. nactus est primum consules eos, quorum alter res ad scribendum maximas, alter cum res gestas tum etiam studium atque auris adhibere posset. statim Luculli, cum praetextatus etiam tum Archias esset, eum domum suam receperunt. sed etiam hoc non solum ingeni ac litterarum, verum etiam naturae atque virtutis, ut domus, quae huius adulescentiae prima fuerit, eadem esset familiarissima senectuti. erat temporibus illis iucundus Q. Metello illi Numidico et eius Pio filio, audiebatur a M. Aemilio, vivebat cum Q. Catulo et patre et filio, a L. Crasso colebatur. Lucullos vero et Drusum et Octavios et Catonem et totam Hortensiorum domum devinctam consuetudine cum teneret, adficiebatur summo honore, quod eum non solum colebant, qui aliquid percipere atque audire studebant, verum etiam si qui forte simulabant. interim satis longo intervallo, cum esset cum L. Lucullo in Siciliam profectus et cum ex ea provincia cum eodem Lucullo decederet, venit Heracleam. quae cum esset civitas aequissimo iure ac foedere, ascribi se in eam civitatem voluit idque, cum ipse per se dignus putaretur, tum auctoritate et gratia Luculli ab Heracliensibus impetravit. data est civitas Silvani lege et Carbonis: *Si qui foederatis civitatibus ascripti fuissent, si tum, cum lex ferebatur, in Italia domicilium habuissent et si sexaginta diebus apud praetorem essent professi.* cum hic domicilium Romae multos iam annos haberet, professus est apud praetorem Q. Metellum, familiarissimum suum.

Si nihil aliud nisi de civitate ac lege dicimus, nihil dico amplius; causa dicta est. quid enim horum infirmari, Gratti, potest? Heracleaene esse tum ascriptum negabis? adest vir summa auctoritate et religione et fide, M. Lucullus; qui se non opinari, sed scire, non audisse, sed vidisse, non interfuisse, sed egisse dicit. adsunt Heraclienses legati, nobilissimi homines; huius iudici causa cum mandatis et cum publico testimonio venerunt; qui hunc ascriptum Heracliensem dicunt. hic tu tabulas desideras Heracliensium publicas, quas Italico bello incenso tabulario interisse scimus omnes? est ridiculum ad ea, quae habemus, nihil dicere, quaerere, quae habere non possumus, et de hominum memoria tacere, litterarum memoriam flagitare et, cum habeas amplissimi viri religionem, integerrimi municipi ius iurandum fidemque, ea, quae depravari nullo modo possunt, repudiare, tabulas, quas idem dicis solere corrumpi, desiderare. an domicilium Romae non habuit? is, qui tot annis ante civitatem datam sedem omnium rerum ac fortunarum suarum Romae conlocavit! an non est professus? immo vero iis tabulis professus, quae solae ex illa professione conlegioque praetorum obtinent publicarum tabularum auctoritatem. nam, cum Appi tabulae neglegentius adservatae dicerentur, Gabini, quam diu incolumis fuit, levitas, post damnationem calamitas omnem tabularum fidem resignasset, Metellus, homo sanctissimus modestissimusque omnium, tanta diligentia fuit, ut ad L. Lentulum praetorem et ad iudices venerit et unius nominis litura se commotum esse dixerit. his igitur tabulis nullam lituram in nomen A. Licini videtis. quae cum ita sint, quid est, quod de eius civitate dubitatis, praesertim cum aliis quoque in civitatibus fuerit ascriptus? etenim, cum mediocribus multis et aut nulla aut humili aliqua arte praeditis ⟨non⟩ gravate civitatem in Graecia homines impertiebant, Reginos credo aut Locrensis aut Neapolitanos aut Tarentinos, quod scaenicis artificibus largiri solebant, id huic summa ingeni praedito gloria noluisse! quid? cum ceteri non modo post civitatem datam, sed etiam post legem Papiam aliquo modo in eorum municipiorum tabulas inrepserunt, hic, qui ne utitur quidem illis, in quibus est scriptus, quod semper se Heracliensem esse voluit, reicietur? census nostros requiris. scilicet. est enim obscurum proximis censoribus hunc cum clarissimo imperatore, L. Lucullo, apud exercitum fuisse, superioribus cum eodem quaestore fuisse in Asia, primis, Iulio et Crasso, nullam populi partem esse censam. sed, quoniam census non ius civitatis confirmat ac tantum modo indicat eum, qui sit census, ita se iam tum gessisse pro cive, iis temporibus, quem tu criminaris ne ipsius quidem iudicio in civium Romanorum iure esse versatum, et testamentum saepe fecit nostris legibus et adiit hereditates civium

Romanorum et in beneficiis ad aerarium delatus est a L. Lucullo pro consule. quaere argumenta, si quae potes. numquam enim hic neque suo neque amicorum iudicio revincetur.

Quaeres a nobis, Gratti, cur tanto opere hoc homine delectemur. quia suppeditat nobis, ubi et animus ex hoc forensi strepitu reficiatur et aures convicio defessae conquiescant. an tu existimas aut suppetere nobis posse, quod cotidie dicamus in tanta varietate rerum, nisi animos nostros doctrina excolamus, aut ferre animos tantam posse contentionem, nisi eos doctrina eadem relaxemus? ego vero fateor me his studiis esse deditum. ceteros pudeat, si qui ita se litteris abdiderunt, ut nihil possint ex iis neque ad communem adferre fructum neque in aspectum lucemque proferre; me autem quid pudeat, qui tot annos ita vivo, iudices, ut a nullius umquam me tempore aut commodo aut otium meum abstraxerit aut voluptas avocarit aut denique somnus retardarit? quare quis tandem me reprehendat aut quis mihi iure suscenseat, si, quantum ceteris ad suas res obeundas, quantum ad festos dies ludorum celebrandos, quantum ad alias voluptates et ad ipsam requiem animi et corporis conceditur temporum, quantum alii tribuunt tempestivis conviviis, quantum denique alveolo, quantum pilae, tantum mihi egomet ad haec studia recolenda sumpsero?

Atque hoc adeo mihi concedendum est magis, quod ex his studiis haec quoque crescit oratio et facultas, quae quantacumque est in me, numquam amicorum periculis defuit. quae si cui levior videtur, illa quidem certe, quae summa sunt, ex quo fonte hauriam, sentio. nam, nisi multorum praeceptis multisque litteris mihi ab adulescentia suasissem nihil esse in vita magno opere expetendum nisi laudem atque honestatem, in ea autem persequenda omnis cruciatus corporis, omnia pericula mortis atque exsilia parvi esse ducenda, numquam me pro salute vestra in tot ac tantas dimicationes atque in hos profligatorum hominum cotidianos impetus obiecissem. sed pleni sunt omnes libri, plenae sapientium voces, plena exemplorum vetustas; quae iacerent in tenebris omnia, nisi litterarum lumen accederet. quam multas nobis imagines non solum ad intuendum, verum etiam ad imitandum fortissimorum virorum expressas scriptores et Graeci et Latini reliquerunt! quas ego mihi semper in administranda re publica proponens animum et mentem meam ipsa cogitatione hominum excellentium conformabam.

Quaeret quispiam: ,Quid? illi ipsi summi viri, quorum virtutes litteris proditae sunt, istane doctrina, quam tu effers laudibus, eruditi fuerunt?' difficile est hoc de omnibus confirmare, sed tamen est certum, quid respondeam. ego multos homines excellenti animo ac virtute fuisse sine doctrina et naturae ipsius habitu prope divino per se ipsos et moderatos et gravis exstitisse fateor. etiam illud adiungo, saepius ad laudem atque virtutem naturam sine doctrina quam sine natura valuisse doctrinam. atque idem ego hoc contendo, cum ad naturam eximiam et inlustrem accesserit ratio quaedam conformatioque doctrinae, tum illud nescio quid praeclarum ac singulare solere exsistere. ex hoc esse hunc numero, quem patres nostri viderunt, divinum hominem, Africanum, ex hoc C. Laelium, L. Furium, moderatissimos homines et continentissimos, ex hoc fortissimum virum et illis temporibus doctissimum, ⟨M.⟩ Catonem illum senem. qui profecto si nihil ad percipiendam colendamque virtutem litteris adiuvarentur, numquam se ad earum studium contulissent.

Quodsi non hic tantus fructus ostenderetur et si ex his studiis delectatio sola peteretur, tamen, ut opinor, hanc animadversionem humanissimam ac liberalissimam iudicaretis. nam ceterae neque temporum sunt neque aetatum omnium neque locorum; at haec studia adulescentiam agunt, senectutem oblectant, secundas res ornant, adversis perfugium ac solacium praebent, delectant domi, non impediunt foris, pernoctant nobiscum, peregrinantur, rusticantur.

8 Quodsi ipsi haec neque attingere neque sensu nostro gustare possemus, tamen ea mirari deberemus, etiam cum in aliis videremus. quis nostrum tam animo agresti ac duro fuit, ut Rosci morte nuper non commoveretur? qui cum esset senex mortuus, tamen propter excellentem artem ac venustatem videbatur omnino mori non debuisse. ergo ille corporis motu tantum amorem sibi conciliarat a nobis omnibus: nos animorum incredibilis motus celeritatemque ingeniorum neglegemus? quotiens ego hunc Archiam vidi, iudices, – utar enim vestra benignitate, quoniam me in hoc novo genere dicendi tam diligenter attenditis – quotiens ego hunc vidi, cum litteram scripsisset nullam, magnum numerum optimorum versuum de iis ipsis rebus, quae tum agerentur, dicere ex tempore, quotiens revocatum eandem rem dicere commutatis verbis atque sententiis! quae vero accurate cogitateque scripsisset, ea sic vidi probari, ut ad veterum scriptorum laudem perveniret. hunc ego non diligam, non admirer, non omni ratione defendendum putem? atque sic a summis hominibus eruditissimisque accepimus, ceterarum rerum studia et doctrina et praeceptis et arte constare, poëtam natura ipsa valere et mentis viribus excitari et quasi divino quodam spiritu inflari. quare suo iure noster ille Ennius ‚sanctos' appellat poëtas, quod quasi deorum aliquo dono atque munere commendati nobis esse videantur. sit igitur, iudices, sanctum apud vos, humanissimos homines, hoc poëtae nomen, quod nulla umquam barbaria violavit. saxa atque solitudines voci respondent, bestiae saepe immanes cantu flectuntur atque consistunt: nos instituti rebus optimis non poëtarum voce moveamur? Homerum Colophonii civem esse dicunt suum, Chii suum vindicant, Salaminii repetunt, Smyrnaei vero suum esse confirmant itaque etiam delubrum eius in oppido dedicaverunt, permulti alii praeterea pugnant inter se atque contendunt.

Ergo illi alienum, quia poëta fuit, post mortem etiam expetunt: nos hunc vivum, qui et voluntate et legibus noster est, repudiamus, praesertim cum omne olim studium atque omne ingenium contulerit Archias ad populi Romani gloriam laudemque celebrandam? nam et Cimbricas res adulescens attigit et ipsi illi C. Mario, qui durior ad haec studia videbatur, iucundus fuit. neque enim quisquam est tam aversus a Musis, qui non mandari versibus aeternum suorum laborum facile praeconium patiatur. Themistoclem illum, summum Athenis virum, dixisse aiunt, cum ex eo quaereretur, quod acroama aut cuius vocem libentissime audiret: eius, a quo sua virtus optime praedicaretur. itaque ille Marius item eximie L. Plotium dilexit, cuius ingenio putabat ea, quae gesserat, posse celebrari. Mithridaticum vero bellum magnum atque difficile et in multa varietate terra marique versatum totum ab hoc expressum est. qui libri non modo L. Lucullum, fortissimum et clarissimum virum, verum etiam populi Romani nomen inlustrant. populus enim Romanus aperuit Lucullo imperante Pontum et regiis quondam opibus et ipsa naturae regione vallatum; populi Romani exercitus eodem duce non maxima manu innumerabilis Armeniorum copias fudit; populi Romani laus est urbem amicissimam Cyzicenorum eiusdem consilio ex omni impetu regio atque totius belli ore ac faucibus ereptam esse atque servatam. nostra semper feretur et praedicabitur L. Lucullo dimicante, cum interfectis ducibus depressa hostium classis est, incredibilis apud Tenedum pugna illa navalis; nostra sunt tropaea, nostra monumenta, nostri triumphi. quae quorum ingeniis sic efferuntur, ab iis populi Romani fama celebratur. carus fuit Africano superiori noster Ennius, itaque etiam in sepulcro Scipionum putatur is esse constitutus ex marmore; at iis laudibus certe non solum ipse, qui laudatur, sed etiam populi Romani nomen ornatur. in caelum huius proavus Cato tollitur; magnus honos populi Romani rebus adiungitur.

omnes denique illi Maximi, Marcelli, Fulvii non sine communi omnium nostrum laude decorantur. ergo illum, qui haec fecerat, Rudinum hominem maiores nostri in civitatem receperunt: nos hunc Heracliensem multis civitatibus expetitum, in hac autem legibus constitutum de nostra civitate eiciemus?

Nam, si quis minorem gloriae fructum putat ex Graecis versibus percipi quam ex Latinis, vehementer errat, propterea quod Graeca leguntur in omnibus fere gentibus, Latina suis finibus exiguis sane continentur. quare, si res eae, quas gessimus, orbis terrae regionibus definiuntur, cupere debemus, quo eminus manuum nostrarum tela pervenerint, eodem gloriam famamque penetrare, quod cum ipsis populis, de quorum rebus scribitur, haec ampla sunt, tum iis certe, qui de vita gloriae causa dimicant, hoc maximum et periculorum incitamentum est et laborum. quam multos scriptores rerum suarum magnus ille Alexander secum habuisse dicitur! atque is tamen, cum in Sigeo ad Achillis tumulum astitisset: ,O fortunate', inquit, ,adulescens, qui tuae virtutis Homerum praeconem inveneris!' et vere. nam, nisi illi ars illa exstitisset, idem tumulus, qui corpus eius contexerat, nomen etiam obruisset. quid? noster hic Magnus, qui cum virtute fortunam adaequavit, nonne Theophanem Mytilenaeum, scriptorem rerum suarum, in contione militum civitate donavit, et nostri illi fortes viri, sed rustici ac milites dulcedine quadam gloriae commoti quasi participes eiusdem laudis magno illud clamore approbaverunt?

Itaque, credo, si civis Romanus Archias legibus non esset, ut ab aliquo imperatore civitate donaretur, perficere non potuit. Sulla cum Hispanos et Gallos donaret, credo, hunc petentem repudiasset. quem nos in contione videmus, cum ei libellum malus poëta de populo subiecisset, quod epigramma in eum fecisset tantum modo alternis versibus longiusculis, statim ex iis rebus, quas tum vendebat, iubere ei praemium tribui, sed ea condicione, ne quid postea scriberet. qui sedulitatem mali poëtae duxerit aliquo tamen praemio dignam, huius ingenium et virtutem in scribendo et copiam non expetisset? quid? a Q. Metello Pio, familiarissimo suo, qui civitate multos donavit, neque per se neque per Lucullos impetravisset? qui praesertim usque eo de suis rebus scribi cuperet, ut etiam Cordubae natis poëtis pingue quiddam sonantibus atque peregrinum tamen auris suas dederet.

Neque enim est hoc dissimulandum, quod obscurari non potest, sed prae nobis ferendum: trahimur omnes studio laudis, et optimus quisque maxime gloria ducitur. ipsi illi philosophi etiam iis libellis, quos de contemnenda gloria scribunt, nomen suum inscribunt: in eo ipso, in quo praedicationem nobilitatemque despiciunt, praedicari de se ac nominari volunt. Decimus quidem Brutus, summus vir et imperator, Acci, amicissimi sui, carminibus templorum ac monumentorum aditus exornavit suorum. iam vero ille, qui cum Aetolis Ennio comite bellavit, Fulvius non dubitavit Martis manubias Musis consecrare. quare, in qua urbe imperatores prope armati poëtarum nomen et Musarum delubra coluerunt, in ea non debent togati iudices a Musarum honore et a poëtarum salute abhorrere.

   Atque ut id libentius faciatis, iam me vobis, iudices, indicabo et de meo quodam amore gloriae nimis acri fortasse, verum tamen honesto vobis confitebor. nam, quas res nos in consulatu nostro vobiscum simul pro salute huius ⟨urbis⟩ atque imperi et pro vita civium proque universa re publica gessimus, attigit hic versibus atque inchoavit. quibus auditis, quod mihi magna res et iucunda visa est, hunc ad perficiendum hortari ⟨non destiti⟩. nullam enim virtus aliam mercedem laborum periculorumque desiderat praeter hanc laudis et gloriae. qua quidem detracta, iudices, quid est, quod in hoc tam exiguo vitae curriculo et tam brevi tantis nos in laboribus exerceamus? certe, si nihil animus praesentiret in posterum, et si, quibus regionibus vitae spatium circumscriptum est, isdem omnis cogitationes terminaret suas, nec tantis se laboribus frangeret neque tot curis vigiliisque angeretur nec totiens de ipsa vita dimicaret. nunc insidet quaedam in optimo quoque virtus, quae noctes ac dies animum gloriae stimulis concitat atque admonet non cum vitae tempore esse dimittendam commemorationem nominis nostri, sed cum omni posteritate adaequandam. an vero tam parvi animi videamur esse omnes, qui in re publica atque in his vitae periculis laboribusque versamur, ut, cum usque ad extremum spatium nullum tranquillum atque otiosum spiritum duxerimus, nobiscum simul moritura omnia arbitremur? an statuas et imagines, non animorum simulacra, sed corporum, studiose multi summi homines reliquerunt: consiliorum relinquere ac virtutum nostrarum effigiem nonne multo malle debemus summis ingeniis expressam et politam? ego vero omnia, quae gerebam, iam tum in gerendo spargere me ac disseminare arbitrabar in orbis terrae memoriam sempiternam. haec vero sive a meo sensu post mortem afutura est sive, ut sapientissimi homines putaverunt, ad aliquam animi mei partem pertinebit, nunc quidem certe cogitatione quadam speque delector.

31   Quare conservate, iudices, hominem pudore eo, quem amicorum videtis comprobari cum dignitate, tum etiam vetustate, ingenio autem tanto, quantum id convenit existimari, quod summorum hominum ingeniis expetitum esse videatis, causa vero eius modi, quae beneficio legis, auctoritate municipi, testimonio Luculli, tabulis Metelli comprobetur. quae cum ita sint, petimus a vobis, iudices, si qua non modo humana, verum etiam divina in tantis ingeniis commendatio debet esse, ut eum, qui vos, qui vestros imperatores, qui populi Romani res gestas semper ornavit, qui etiam his recentibus nostris vestrisque domesticis periculis aeternum se testimonium laudis daturum esse profitetur eoque est e numero, qui semper apud omnis sancti sunt habiti itaque dicti, sic in vestram accipiatis fidem, ut humanitate vestra levatus potius quam acerbitate violatus esse videatur.

32   Quae de causa pro mea consuetudine breviter simpliciterque dixi, iudices, ea confido probata esse omnibus: quae a forensi abhorrentia sermone iudicialique consuetudine et de hominis ingenio et communiter de ipso studio locutus sum, ea, iudices, a vobis spero esse in bonam partem accepta, ab eo, qui iudicium exercet, certo scio.

Themen zur Überlegung und Bearbeitung

1. Welche eindrucksvollen Belege für Variation von Ausdrücken lassen sich in der Archiasrede finden?
2. Welche bezeichnenden Beispiele für Fülle des Ausdruckes finden sich in der Rede?
3. An welchen Stellen lässt sich die Entsprechung von Stilebene und Inhalt der Rede besonders deutlich erkennen?
4. Welche sprachlichen Kunstmittel bevorzugt Cicero?
5. Wie verläuft die Gedankenbewegung im *exordium* genau?
6. Lassen sich zwischen den beiden Hauptteilen der Rede stilistische Unterschiede aufzeigen?
7. Welche Eigenschaften soll nach Cicero ein großer Mann besitzen?
8. Welche Aufgabe ist nach Ciceros Meinung der Redekunst gestellt?
9. Welches sind die wichtigsten Züge von Ciceros Rednerideal, wie es aus dem Text der Rede zu erschließen ist?
10. Welche Wirkungen schreibt Cicero den schönen Künsten zu?
11. Wo trägt Ciceros Rede bekenntnishafte Züge?
12. Welche Bedeutung hat – nach dem Text der Archiasrede – der Ruhm für Cicero?
13. Wo beruft sich Cicero auf das Beispiel der Vorfahren? Warum tut er das?
14. Welche Bedeutung hat für Cicero das *otium*?
15. Welches Bild des Dichters lässt sich aus der Archiasrede ablesen? Welche Dichtungsgattung bevorzugt Cicero?
16. Warum war das römische Bürgerrecht so begehrt?
17. Wo schmeichelt Cicero dem römischen Nationalstolz?
18. Kann man auch heute geistige Interessen mit der Erfüllung politischer Pflichten vereinbaren?

Zur Vertiefung

1. Cicero scheint die Verhandlung und seine Rede für Archias geradezu als eine Kundgebung für die neue Bildung aufgefasst zu haben. „So ist namentlich die Rede *pro Archia poeta* bis in die neueste Zeit so verschieden beurteilt … worden, weil man den Umstand … unbeachtet ließ, dass Cicero in materieller Hinsicht seiner Sache völlig sicher war und nur … zugunsten der allgemeinen Bildung sich vernehmen lassen wollte. Denn sein Bruder Q. Cicero … saß als *Praetor urbanus* jenes Jahres an der Spitze jenes Gerichtes, das über Archias … zu entscheiden hatte, und dieser sich mit Richtern umgeben, die geistesverwandte und literarisch verbundene Freunde waren, wie der Scholiast Bob. (Cic. *orat. schol.*, ed. Stangl, 175) ausführlich berichtet. Daher lässt sich nun manches in dieser Rede erklären, was man früher angefochten hat oder nicht ganz in der Ordnung fand" (R. Klotz, Handb. d. lat. Stilistik, Leipzig 1874, 68).
2. Da die politische Tätigkeit den Lebensunterhalt des *vir vere Romanus* ausmacht, erhält *otium* geradezu den Inhalt einer Ausspannung vom politischen Leben (Bernert 89). So ist das *otium* des *vir vere Romanus* nur ein Ausnahmezustand, ein Urlaub aus dem politischen Leben (Bernert 90). – *Otium* ist nicht identisch mit *desidia*, es verlangt vielmehr

einen positiven Inhalt (Bernert 91). – Von allen Beschäftigungen ist nur eine des Römers würdig: die politische Tätigkeit; jede andere Tätigkeit ist daher *otium* und hat nur insoweit Berechtigung, als sie zur Entspannung und Sammlung neuer Kräfte dient oder durch außergewöhnliche Verhältnisse erzwungen ist; aber auch dann darf das *otium* nicht zur *desidia* werden, sondern muss einen Eigenwert haben, der in der Förderung der Gemeinschaft liegt (Bernert 93).

3. Ciceros geistige Arbeit zielt in erster Linie nach der Vervollkommnung seiner *virtus* und seines rednerischen Talentes, und er glaubt, auch darin ganz den Spuren eines Africanus oder Cato zu folgen, *pro Arch.* 15 f. (Kretschmar 13). – Cicero braucht sich seiner wissenschaftlichen Studien nicht zu schämen, denn sie haben seiner praktischen Tätigkeit Nutzen gebracht, und er hat um ihretwillen keine Pflicht versäumt. Sein *otium* besteht vor der alten Anschauung, dass wissenschaftliche Beschäftigungen des Römers nicht nur dann unwürdig sind, wenn sie ihn vom Handeln für die Allgemeinheit fernhalten, sondern auch dann, wenn sie ihr keinen Vorteil bringen (Kretschmar 12 zu Arch. 12.13). – Cicero zeigt offen seine Liebe zu Kunst und Wissenschaft und beweist, dass ihre Pflege das römische Wesen nicht schädigt, sondern zur Höchstleistung auf allen Gebieten befähigt. „Die *doctrina* schafft gegenüber dem Vielerlei der Eindrücke eine echte geistige Mitte" (Ahrens). Die Beschäftigung mit der Literatur entfremdet den Römer nicht seiner politischen Aufgabe, trübt auch nicht sein Verhältnis zur Gemeinschaft.

4. Damals muss es bereits weiteren Kreisen aufgefallen sein, dass sich Cicero in seinem Privatleben durch die Art, wie er sein *otium* gestaltete, von den meisten Zeitgenossen abhob. Denn sonst hätte er kaum die Gelegenheit ergriffen, über den Punkt so ausführlich zu sprechen (Kretschmar 12 zu Arch. 13).

5. Wer sich mit *doctrina* beschäftigt, tritt in den weiten Raum der griechischen Geisteswelt ein und lernt ihn in seiner Gesamtheit, vor allem die vielfältig gegliederte griechische Philosophie, kennen, die diesen ganzen Raum füllt und alle darin enthaltenen Bildungselemente zu einer Einheit verbindet. Doch bleibt es nicht bei einer kühlen Betrachtung und Kenntnisnahme: Wer in den *doctrina*-Bereich eintritt, der geht gleichzeitig einen Bildungsprozess ein, dessen Resultat jene geistige Form ist, die demjenigen eignet, für den die Bezeichnung *homo eruditus* zutrifft, und der nunmehr zu den höchsten Zielen menschlicher Formwerdung fortschreiten kann: zur *humanitas, virtus, sapientia*, um die Idealgestalt des römischen Aristokraten zu verwirklichen: den gebildeten Staatsmann (Altevogt 77).

6. In Paragraph 16 überliefern alle Handschriften *agunt*, und wir setzen es auch in den Text; um aber an einem Beispiel zu zeigen, wie schwer man sich textkritische Entscheidungen machen muss, seien diese Lesart und zwei Verbesserungen kurz erläutert.

agunt erklärt der Philologe Ilgen (Opusc. var., Erfurt 1797, 109): = *in actione ponere, occupare, ad agendum excitare, exercere* (beschäftigen); diese Beschäftigung der Jugend ist gegenübergestellt der Erholung des Alters. Zur Erläuterung ist anzuführen: Seneca, *Ep.* 108,27 *hoc tempus (iuventutis) idoneum est laboribus, idoneum agitandis per studia ingeniis.*

acuunt verbesserte ein Philologe und verwies auf Cicero *de or.* 3,93. Aber dort ist nicht nur von der Bildung des Redners gesprochen, während hier zunächst die Poesie und dann die schönen Wissenschaften überhaupt gemeint sind. Zudem geht der Gegensatz zu *oblectant* verloren.

alunt schrieb zuerst Petrus Victorius (1499-1584), und es gibt einige sehr passende Parallelen: Cicero *off.* 1,105 *mens discendo alitur*; Cicero *Brut.* 126 *non enim solum acuere, sed etiam alere ingenium potest* (C. Gracchus); Horat. *a. p.* 307 *quid alat formetque poetam.* Aber auch hier ist der Gegensatz zu *oblectant* nicht so klar wie durch *agunt* ausgedrückt.

Literatur

Ausgaben von Halm-Sternkopf, 15. Aufl., Berlin 1916; von Richter-Eberhard-Nohl, 6. Aufl., Leipzig 1926; von Reid, 24. Aufl., Cambridge 1951; von Franchi, Florenz 1959; von Gaffiot, Paris 1959; von H. Kasten, Leipzig (Teubner) 1966; von N. Zink (Orator perfectus), Frankfurt 1968; von W. Ries, 2. Aufl., Würzburg 1977; von H. und K. Vretska, Darmstadt 1979; H. Gotoff, Cicero's Elegant Style, Urbana 1979; von W. Breitschädel, Münster 1981; von E. Siebenborn, Stuttgart 1986;

Abhandlungen: Albrecht, M. v., Das Proömium von Ciceros Rede pro Archia poeta und das Problem der Zweckmäßigkeit der argumentatio extra causam, Gymnasium 76, 1969, 419 f.; Albrecht, M. v. – Vester, H., Ciceros Rede pro Archia. Deutung und unterrichtliche Behandlung, Heidelberg 1970; Altevogt, H., Der Bildungsbegriff im Wortschatze Ciceros, Münster 1940; André, J.-M., L'otium dans la vie morale et intellectuelle romaine des origines à l'époque augustéenne, Paris 1966; Bernert, E., Otium, Würzburger Jahrbücher 4, 1949/50, 89 f.; Buchheit, V., Ciceros Triumph des Geistes, Gymnasium 76, 1969, 232 f.; Bußfeld, H., Die Lektüre von Ciceros Rede pro Archia poeta als Einführung in die Cicerolektüre, Mitteilungsblatt des Landesverbandes Nordrhein-Westfalen im DAV, Heft 5, 1959; Eisenberger, H., Die Funktion des zweiten Hauptteils von Ciceros Rede für den Dichter Archias, Wiener Studien N. F. 13, 1979, 88–98; Fuhrmann, M., Cum dignitate otium, Gymnasium 67, 1960, 481 f.; Gajdukevic, V. F., Das Bosporanische Reich, Amsterdam 1971; Grüninger, D., Otium: Ruhe, Muße, erfüllte Zeit, AU XV, 1, 1972, 41 f.; Hahn, H., Zur Struktur des ciceronischen Redeprooems, AU XI, 4, 1968, 5–14; Husband, R. W., The prosecution of Archias, The Classical Journal 9, 1914, 165 f.; Gaffiot, F., Texte du Pro Archia, Revue de Philologie 55, 1929, 348 f.; Knoche, U., Der römische Ruhmesgedanke, in: Römische Wertbegriffe, Darmstadt 1967; Koller, E., Muße und musische Paideia, Museum Helveticum 13, 1956, 1 ff.; 94 f.; Kretschmar, M., Otium, studia litterarum, Philosophie ... im Leben Ciceros, Leipzig 1938; Mayer, J. A., Pontes, Stuttgart 1975, 93 f. (Humanität – Humanitas – Humanismus); Murphy, P. R., Ciceros Pro Archia and the Periclean Epitaphios, Transactions and Proceedings 89, 1958, 99 f.; Neumeister, Chr., Grundsätze der forensischen Rhetorik, München 1964; Orban, M., Le Pro Archia et le concept Cicéronien de la formation intellectuelle, Les Etudes Classiques 25, 1957, 173 f.; Regenbogen, O., Klassisches Altertum, in: Humanismus, Darmstadt 1970, 130 f.; Reitzenstein, R., A. Licinius Archias, RE II, 1, 3. Halbband, 1895, 463 f.; Rutz, W., Ciceros Rede Pro Archia Poeta im Lateinunterricht des nicht-altsprachlichen Gymnasiums, AU VII, 5, 1962, 47–57; Schönberger, O., Textkritische Anmerkungen zu Ciceros Archias-Rede, Helikon 8, 1968, 352 f.; Schulze, W., Literaturbericht: Ciceros Rede für den Dichter Archias unter Berücksichtigung des Phänomens Rhetorik im Lateinunterricht, Anregung 29, 1983, 260–268; Schulze, W., Ciceros Archiasrede im Lateinunterricht, AU 29, 2, 1986, 40–54; Spang, K., M. T. Cicero: Rede für den Dichter A. L. Archias, in: Rede, Bamberg 1987, 129–148; Sternkopf, W., Die Ökonomie der Rede Ciceros für den Dichter Archias, Hermes 42, 1907, 337–373; Sydow, R., Kritische Beiträge zu Ciceros Reden, Rhein. Museum 91, 1942, 353 f.; Taylor, J., Political Motives in Ciceros Defense of Archias, American Journal of Philology 73, 1952, 62 f.; Till, R., Die Anerkennung literarischen Schaffens in Rom, Neue Jahrbücher 1940, 161 f.; Vretska, K., Rhetorik als Interpretationsmittel, Verpflichtung der Antike, München

1979, 160–175; Vitelli, C., La Pro Archia e l'Hortensius: analogie e loro significato, in: Hermes 104, 1976, 59–72.

Übersetzung von H. und K. Vretska in ihrer Ausgabe, Darmstadt 1979; von O. Schönberger, Reclams Universal-Bibliothek, Stuttgart 1968 u. ö., Nr. 8554; zweisprachige Ausgabe in Reclams Universal-Bibliothek, Stuttgart 1979, Nr. 1268; Übersetzung von M. Fuhrmann, in: Bibliothek der alten Welt, Artemis-Verlag, Zürich 1972; jetzt: Düsseldorf 2000.